MERRY CHRISTMAS

TO _____

FROM _____

Word Search Rules

Words can go in all directions (up, down, sideways, diagonal, backwards) and share letters with other words!
Good Luck!

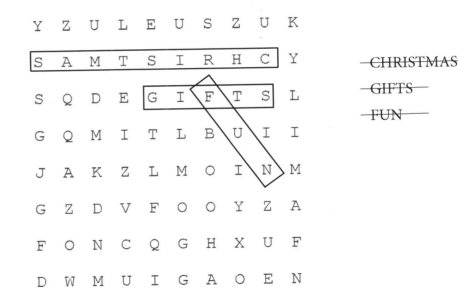

```
Y  Z  U  L  E  U  S  Z  U  K
S  A  M  T  S  I  R  H  C  Y
S  Q  D  E  G  I  F  T  S  L
G  Q  M  I  T  L  B  U  I  I
J  A  K  Z  L  M  O  I  N  M
G  Z  D  V  F  O  O  Y  Z  A
F  O  N  C  Q  G  H  X  U  F
D  W  M  U  I  G  A  O  E  N
```

CHRISTMAS

GIFTS

FUN

```
C  Q  T  D  H  H  W  T  S
I  U  J  A  U  D  L  E  M  L
B  M  N  X  G  N  K  W  M  A
C  W  U  C  K  I  D  M
T  N  G  H  A  Y  K  P  H  A
B  Z  L  J  W  S  I  U  U
M  N  P  M  I  G  L  V  T  W
F  V  R  A  C  J  E  R  K  Y
```

CAR   DUNK   JACKET

JERKY   SLAM   TUB

Word Search

P	T	P	O	W	I	V	E	F	T
O	I	Y	I	P	V	U	E	Z	Z
H	C	O	N	F	I	D	E	N	T
F	E	B	P	A	D	Z	A	M	J
I	T	R	W	T	H	W	A	G	T
P	R	A	O	E	F	C	V	H	P
S	L	V	I	H	D	L	O	B	
B	V	E	T	O	C	Q	P	U	C

BOLD BRAVE CONFIDENT

HEROIC MACHO ZIP

```
W  E  L  F  U  S  K  B
G  P  K  J  B  Q  A  V  G
L  L  A  B  T  O  O  F  E  Y
C  T  H  L  M  K  V  A  E  M
B  R  E  W  A  E  Q  J  F  W
X  X  S  E  J  T  N  O  F  J
U  Q  T  R  D  I  P  I  O  X
I  S  E  F  M  B  B  R  C  A
```

BREW   COFFEE   FOOTBALL

GYM   MEN   STEAK

```
V R L H J V Z R J
M L M Q A G Y H O T
G O N G G E I W S S
S A R O M K O E L U
T K N P Q N G C L T
N V I G S A W N E S
A G Y G E D N G B E
L X G C W C P J M O
```

BELLS   EGGNOG   HOT

SKI   SLEIGH   SNOW

```
E  Q  K  Y  L  E  S  M  B
M  I  P  J  L  D  A  H  H
A  E  K  F  N  T  U  P  B
X  W  B  O  D  N  D  C  G
C  J  F  W  O  T  A  G  H
J  I  K  C  C  S  T  D  N
O  C  E  P  B  R  O  C  K
H  E  L  G  N  I  J  O  W
```

BELL   COOKIE   JINGLE

ROCK   SANDWICH   SANTA

```
B  X  U  E  G  E  E  D  Z  D
M  I  L  K  S  D  C  O     Z
J  K  J  T  S  I  A  L  G  W
J  U  O  O  C  R  R  Y  C  E
F  O  M  J  H  P  A  F  C  T
B  P  Z  P  O  R  P  S  L  J
F  M  E  J  O  U  D  I  T  H
M  B  L  V  L  S  J  C  N  J
```

| BOOTS | JUMP | MILK |
| PARADE | SCHOOL | SURPRISE |

E	L	P	P	A	V	M	B	M	A
H	E	D	G	A	F	V	G	T	T
G	N	C	U	T	O	O	A	O	H
Y	Y	M	U	R	Q	R	A	D	L
D	A	R	T	B	O	A	R	D	E
J	E	R	F	O	S	L	I	A	T
E	H	I	W	I	W	B	R	E	E
F	R	Q	L	I	J	D	M	C	G

APPLE ARROW ATHLETE

DARTBOARD LIFT MATURE

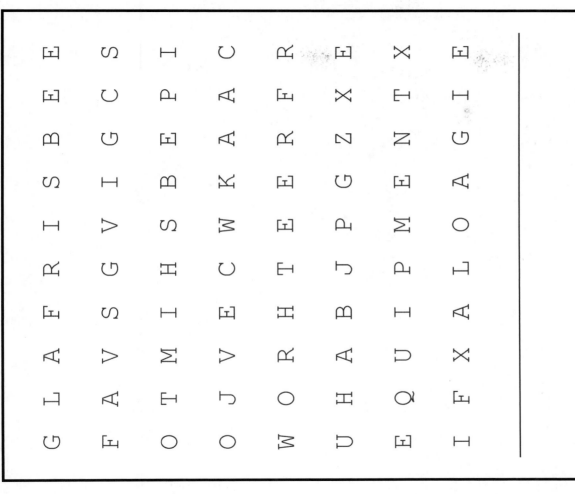

EQUIPMENT   EXERCISE   FREETHROW
FRISBEE   GAME   GEAR

B	J	D	O	S	N	G	F	X	O
L	U	V	P	D	N	Z	S	D	C
P	E	O	A	I	D	E	K	N	E
F	R	A	L	B	I	K	I	N	G
T	O	W	G	U	M	E	R	X	R
P	O	F	R	S	U	R	T	R	G
B	P	F	Q	C	E	G	I	E	G
X	H	R	Q	I	W	V	X	Q	R

BIKING   BOWLING   LEAGUE

SKIER   SPORT   SURF

Word Search

```
M  L  S  P  Z  E  F  X  L  F
E  N  G  I  N  E  M  H  M  Q
F  U  S  E  I  G  K  A  F  A
T  L  O  M  Z  G  C  E  R  Y
G  H  Q  L  Y  Q  A  V  Y  F
Y  J  E  X  B  T  J  U  G  D
H  U  D  M  W  Y  W  M  U  Y
F  A  L  M  B  B  Z  V  V  G
```

ENGINE	FRAME	FUEL
FUSE	JACK	KEY

Word Search

```
J  H  K  M  R  O  H  B
L  F  S  Y  O  E  I  A
H  T  I  D  J  R  V  R
G  J  E  L  F  G  S  A
H  X  W  Z  E  C  L  E
S  Z  U  X  A  O  K  E
I  O  F  M  X  X  I  G
Q  I  P  M  F  F  H  E
```

CAMP   FIRE   FISH

HIKE   OAR   ROD

```
N  E  L  C  S  U  M  Z  I  A
Q  T  S  N  Z  A  R  G  Z
H  K  I  N  R  W  D  Y  N  K
J  A  T  B  E  H  H  U  P
P  T  X  O  N  Q  A  F  C  W
Q  B  D  S  G  D  E  N  Y  W
D  X  W  I  T  N  S  R  L  T
S  Z  X  M  H  I  T  T  M  Z
```

DENY	FUNGI	MUSCLE
PAIN	STRENGTH	TENSE

```
T  L  A  F  T  D  J  V  W
K  F  R  E  L  E  B  E  O  K
G  S  A  C  Y  E  T  T  Z
L  Q  Z  R  P  S  G  Z  S
J  X  Z  D  S  Z  C  Q  O
K  A  Y  A  K  U  F  W  O  A
Y  M  H  L  I  Q  C  J  S  I
V  W  F  G  I  E  I  V  Y  M
```

AFT   DRAFT   JET

KAYAK   SPEED   STOW

Q	B	K	F	H	S	W	U	W	P
W	D	A	P	N	L	R	F	G	X
N	O	I	S	I	V	E	L	E	T
A	S	M	Q	N	A	T	M	A	M
P	F	U	E	Z	R	W	M	A	A
O	P	E	N	X	P	Q	I	D	G
W	L	S	N	O	R	E	N	W	R
S	I	Z	B	U	B	J	A	H	I

| ANIMAL | NAP | SLEEP |
| SNORE | SUN | TELEVISION |

Word Search

H	C	A	O	R	P	P	A	N	B
W	A	B	P	S	F	E	L	I	V
H	F	H	C	P	K	P	J	R	R
G	G	S	K	Y	Q	B	G	A	A
G	M	U	L	I	N	X	W	C	O
K	N	A	H	L	L	G	V	T	T
A	C	R	J	L	E	D	I	E	I
B	O	A	T	C	L	C	E	A	U

APPROACH	BOAT	CAN
GRIN	LAKE	LAUGH

```
F  I  I  E  B  F  N  L
J  I  O  V  I  O  O  A
N  H  R  N  D  K  R  Q
S  W  I  S  K  N  I  I
H  S  K  V  T  F  B  O
R  X  M  I  E  E  O  X
P  O  P  Y  R  T  S  T
Z  L  N  E  N  U  H  U
   B  Q  G  Y  X  U  S
            R        R
```

FIRST   IRON   FINISH
POKER   SHOE   KNIFE

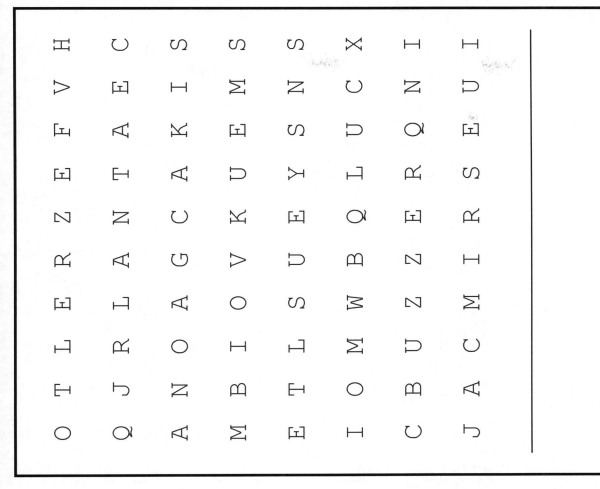

BUZZER
LOB

COLOGNE
RIM

FAKE
TRAVEL

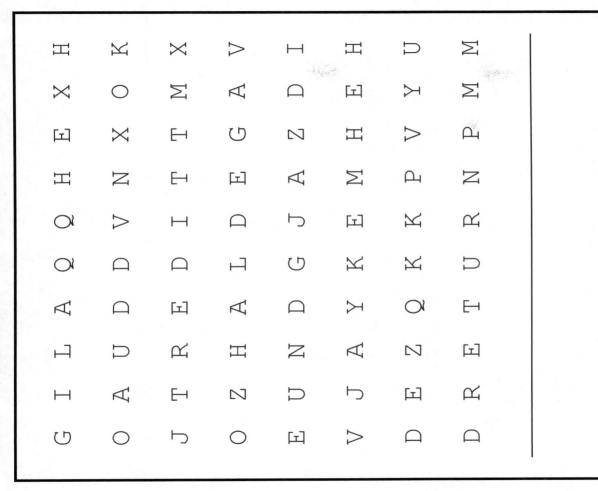

```
G I L A Q Q H E X H
O A U D D V N X O K
J T R E D I T M X
O Z H A L D E G A V
E U N D G J A Z D I
V J A Y K E M H E H
D E Z Q K P V Y U
D R E T U R N P M M
```

AGED   AUTO   DEADLINE
GARAGE   RETURN   TEAM

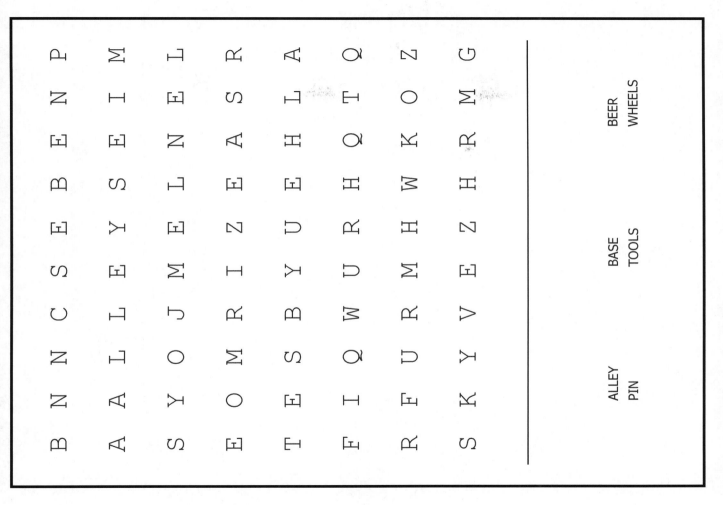

```
B N C S E B E N P
A A L E Y S E I M
S Y O J M E L N E L
E O M R I Z E A S R
T E S B Y U E H L A
F I Q W U R H Q T Q
R F U R M H W K O Z
S K Y V E Z H R M G
```

ALLEY
PIN

BASE
TOOLS

BEER
WHEELS

R	Y	R	A	L	A	S	D	G	Z
M	O	Y	B	X	S	B	E	O	L
P	D	T	H	E	R	P	F	P	H
A	M	I	A	A	O	E	M	S	A
X	P	U	C	T	D	K	N	E	A
C	O	K	H	I	O	S	T	W	
J	E	E	U	T	E	O	E	U	E
T	H	H	S	R	C	F	N	D	L

DEFENSE   ROTATION   BRACKET

TEMPO   THUMP   SALARY

Word Search

```
H  W  S  I  F  D  B  Q  Y
P  L  A  S  T  I  C  E  S  Y
Q  D  X  L  V  R  E  A  H  F
G  B  A  N  L  I  C  C  U  I
U  S  B  F  D  S  S  H  S  Q
T  N  L  A  N  S  W  Z  F  E
E  J  L  P  U  E  G  R  D  O
I  F  M  V  P  G  H  C  A  P
```

BBQ   BEACH   FISH

LAST   PLASTIC   WALLS

```
E S G V D L P E O T
M M N O A G O E I
I E Q S N R W O Z
T L S R Q N E G F
F L N W O T N O D
L T R I A N G L E C
A A L O R U S A J B
H A F V A E U B R O
```

DOWNTOWN   HALFTIME   PASS

ROLL   SMELL   TRIANGLE

```
E C T B C I A S K V
G W F I B H C S S O
I D O S M Q B M O X
Z Q D O F S N X R C
A S S E T S R A H C
U O E Y U B G U I D
T A O B V B C C Q G
B L X T A N W E N Y
```

ASSETS	BOAT	OWE
SAUCE	SCORE	TIMER

```
B Y D C K X S G H
B L U E T O O T H
E M Q C K Z O E I
L T O N R D O H M R
U A O R R E K A L T
X P C A O W Z K C Y
Q Y I E C R D T X P
O N N A S M N U Y S
```

BLUETOOTH
HOOK

DIRTY
LACES

DRAIN
LAKE

I	G	S	U	M	S	T	P	D	Z
H	N	F	P	Q	A	O	E	G	N
T	J	T	U	X	J	H	R	E	S
C	I	A	E	H	Z	S	C	X	B
V	R	D	J	R	A	C	E	C	S
E	Q	M	U	H	E	I	N	J	X
K	C	B	C	A	G	S	T	G	O
D	R	O	C	E	R	T	Z	K	

AUDIT   INTEREST   PERCENT

RECORD   SHOT   SQUARE

```
B U R G E R S D D V
Q F H U O T N N M
C G I E R I Y X E
F L K U A Y C Y F S
R Z L K I R M M Y P
Q E X S W T G Z H
R Z H B E L S S O
G U W O U U T S E B
```

| BEST | BURGER | END |
| HEARTS | RULER | STICK |

Word Search

```
G  T  N  A  R  O  D  O  E  D
L  A  C  I  N  H  C  E  T  N
L  A  N  E  V  N  K  A  Y  U
K  C  Q  P  K  C  J  E  A  O
I  N  Q  I  O  O  R  S  N  B
U  K  D  L  L  N  A  L  S  E
Q  E  B  Q  C  P  C  Q  D  R
E  L  E  V  A  T  I  O  N  S
```

BLOCK	DEODORANT	ELEVATION
LANE	REBOUND	TECHNICAL

B	E	R	W	K	Z	N	E	Q	M
S	V	L	Q	Q	O	P	G	N	
Z	A	D	B	S	V	F	Y	X	T
I	E	N	A	U	Z	U	L	J	T
H	B	E	D	D	O	V	R	F	F
H	S	V	T	Y	D	A	I	N	
L	A	T	I	P	A	C	E	F	Y
R	A	D	I	O	M	X	Y	U	F

CAPITAL
SAND

DOUBLE
SEASON

RADIO
YEARLY

```
H  Q  T  T  P  N  D  M
B  O  P  J  S  G  X  V  R
G  Q  O  E  C  O  I  M  G  A
Z  P  N  P  Z  S  A  S  B  L
E  L  B  B  R  D  M  S  A
V  T  P  E  I  Q  O  Z  H  A
I  P  L  Z  H  C  C  Q  H  W
T  F  O  M  J  G  V  O  I  Z
```

ALARM	ASSIST	COMB
DRIBBLE	HOOP	POND

V T H B Y J Q S K A
B O A C N Y T M L L
Q V S U E R B A N K
G N I W A U K V N L
F P E T A L U G E R
Q O E P Y G J N H J
T G R X W K O I F D
Y K L M W Z C Q L E

BANK
REGULATE

FORM
STRATEGY

PIVOT
ZONE

Manufactured by Amazon.ca
Bolton, ON

15014604R00035